Ad. CAILLÉ.

IMPÉRIALISTES

ET

ROYALISTES

Réponse d'un Impérialiste plébiscitaire
à un Député Royaliste-fusionniste.

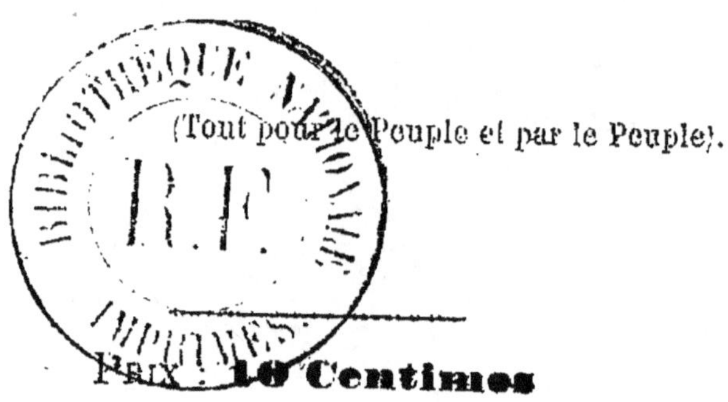

(Tout pour le Peuple et par le Peuple).

Prix : 10 Centimes

SAINT-MAIXENT

IMPRIMERIE DE *LA SÈVRE*

—

1873.

Lettre à M. Alfred GIRAUD

ANCIEN PROCUREUR IMPÉRIAL, DÉPUTÉ

DU DÉPARTEMENT DE LA VENDÉE.

Saint-Germain-en-Laye, 24 septembre 1873

Monsieur le Député,

Vous avez écrit des Sables-d'Olonne, dans les derniers jours d'août, une lettre qui m'a frappé. Elle est en effet remarquable. Un de vos amis vous ayant demandé votre avis sur la situation actuelle, vous le lui avez donné avec une franchise qui vous fait honneur, dans un langage plein de modération, tout naturel d'ailleurs, dans la bouche et sous la plume d'un ancien magistrat de l'Empire.

Cette lettre a trait à un événement dont on fait grand bruit depuis quelque temps et dont on prétend, dans certaines sphères sociales, politiques et religieuses, tirer à cette heure-ci des conséquences pratiques, qui auront

pour effet de désorganiser le parti conservateur et de jeter dans le Pays des ferments de
guerre civile. Il s'agit de la FUSION en un
seul principe et dans un seul intérêt, repré-
sentés par M. le Comte de Chambord, des
prétentions diverses et divergentes qui
depuis 43 ans faisaient de la branche aînée
et de la branche cadette de la Maison de
Bourbon deux familles ennemies et rivales.

Vous êtes évidemment heureux de l'acte
du 5 août; vous lui accordez une *importance
considérable*. Il en est, et je suis de ce nombre,
qui n'y voient qu'un fait assez banal et même
d'une honnêteté douteuse, car ils trouvent
que le calcul et l'habileté y entrent à plus
forte dose que le sentiment, le repentir et le
devoir. Si le Comte de Chambord est le légitime, l'incontestable représentant de la Monarchie, ses beaux cousins MM. d'Orléans,
eussent pu et dû, ce me semble, le reconnaître
et le proclamer plus tôt, sans y mettre tant
de façons. Avouez avec moi, que si la soumission de ces princes est méritoire, elle ne
brille nullement du côté de la spontanéité.
Le descendant direct de Louis XIV, s'il a
autant d'esprit qu'il a de cœur, a dû sentir
que ses parents le traitent un peu comme un
oncle à succession. Les révérences de l'arrière-
petit fils de Philippe-Égalité, l'homme de 1793,

du petit fils de Louis-Philippe Ier, l'homme
de 1830 et 1832, ont dû lui paraître singu-
lières et lui rappeler, dans le genre bourgeois
et mercantile, la fameuse et politique gascon-
nade de son illustre aïeul Henri IV : *Ventre
saint gris ! Paris vaut bien une messe !* Des hu-
milités si politiques, si tardives, sont auda-
cieuses et immorales. Elles sont d'ailleurs dans
les habitudes de la Maison d'Orléans et deman-
dent à n'être accueillies qu'avec réserve. Si
M. le Comte de Chambord s'y laisse prendre,
tant pis pour lui !

Quoiqu'il en soit, le 5 août a vos sym-
pathies et votre admiration.

La soumission des d'Orléans, qui est une
reconnaissance absolue des droits et prérogatives de M. le Comte de Chambord, vous
paraît appelée à faciliter et à amener la restauration définitive, dans la personne du fils
de l'ancienne prisonnière de Blaye, de la
Monarchie légitime et traditionnelle. La
reconstitution de la *Maison de Bourbon*, que
je trouverais peut-être incomplète si j'étais
légitimiste scrupuleux, car je n'y vois point
à leur place, les descendants de Louis XIV
et de son petit-fils Philippe V, est à vos yeux
« un grand et magnifique élément pour
« relever la France, pour nous assurer des
« alliés, pour restaurer nos finances, pour

« rendre à notre commerce l'essor, la tran-
« quillité et le long avenir dont il a besoin. »

S'il était permis de plaisanter en matière
aussi grave, je dirais que, pour vous
et pour d'autres, cette reconstitution de
la Maison de Bourbon qui s'est fait attendre
bien longtemps, hélas ! est une panacée uni-
verselle. Heureux mortels que nous sommes !
Si nous voulons et savons nous la laisser
administrer, nul doute qu'elle ne guérisse
tous nos maux, et Dieu sait, sans parler des
physiques, comme les écrouelles, s'ils sont
nombreux et terribles. L'occasion de rentrer
dans l'ordre moral et politique s'offre enfin à
nous. Vous voulez que nous la saisissions au
passage et aux cheveux de peur qu'elle ne
nous échappe. Il faut, à votre sens, qu'on s'y
emploie sur l'heure et de toutes les façons.
Vous invitez donc tous les hommes d'ordre,
tous les bons citoyens à y concourir. Vous
ne doutez pas qu'ils ne le fassent avec em-
pressement et sincérité, autant par patrio-
tisme que par intérêt.

Avant le 5 août, le rétablissement de la
Monarchie était impossible, car il y avait
alors, dans la maison de Bourbon, deux
familles divisées et deux prétentions rivales ;
vous auriez pu ajouter qu'il y avait aussi
deux drapeaux et deux traditions. Il n'en est

plus ainsi; le 5 août a fondu en une seule famille royale les deux branches contendantes. Il n'y a plus deux chefs, deux prétendants; il n'y a plus qu'un chef respecté de tous, et sous lui, déférents et fidèles, des *princes braves, distingués et patriotes.* Vous le dites et je n'y contredis pas. Seulement je les trouve un peu trop *convoiteux de pécune* et j'ai sur le cœur les millions qu'ils ont tout récemment, en temps prohibé, prélevé sur nos misères, de concurrence avec les Allemands, leurs parents maternels.

Vous espérez, Monsieur le député, que tous les Conservateurs, les Libéraux, les Républicains modérés, voire même les Bonapartistes, vont se convertir à la Monarchie légitime, et pour les y résoudre, vous la leur présentez sous une forme et un aspect tout à fait affriolants. Cette monarchie, *la seule possible,* selon vous, sera la *monarchie héréditaire, constitutionnelle et nationale, telle que la voulaient nos pères en 1789.* Il me semble que vous vous avancez beaucoup en nous la présentant sous une pareille forme. Ce n'est point ainsi que l'entendent et votre futur Roi et ses *fidèles,* officiels et authentiques. Je vous le prouverai tout à l'heure.

Je ne sais, et ne tiens point à savoir ce que feront les Républicains modérés et immodérés. Il ne me chaut de chercher quel parti prendront les Orléanistes parlementaires, les bourgeois libéraux, les boutiquiers libres-penseurs, les universitaires, les voltairiens, les conservateurs indécis et flottants, le *vulgum pecus* du parti de l'ordre. Je crois, entre nous, qu'il en est d'aucuns qui se feront tirer l'oreille avant de se résoudre à brûler ce qu'ils ont adoré, à adorer ce qu'ils ont brûlé. Je crains, pour vous, que bon nombre de cette gent révolutionnaire et hargneuse, ne se trouvent pas au rendez-vous que vous leur donnez autour du chêne de Saint-Louis et sous le péristyle de la Maison de Bourbon. C'est leur affaire.

Mais ce que je puis vous affirmer, c'est que les Bonapartistes se montreront sourds, absolûment sourds à votre appel et à vos incitations. Ils ont aussi leur *non possumus*, c'est-à-dire des principes et une foi qui ne leur permettent aucun compromis avec les partisans de la restauration monarchique dont une fraction excessivement minime, mais très-bruyante et très-pressée du parti con-servateur, est actuellement en gestation.

Il faut que vous sachiez, Monsieur le Député, que nous ne sommes pas seulement Bonapartistes, c'est-à-dire attachés à une famille et à une dynastie par un sentiment de reconnaissance et de fidélité. Nous sommes aussi, surtout et avant tout, Impérialistes, et comme tels les serviteurs et les croyants d'un principe et d'un dogme que nous ne pouvons ni renier ni sacrifier, car sans ce principe et ce dogme, nous ne serions rien du tout. Les Royalistes, eux, ont pour base et pour raison de leur foi politique la légitimité prenant sa source dans le droit divin. Leurs Rois sont souverains par la grâce de Dieu, rien que par la grâce de Dieu. Cette origine et cette sanction leur suffisent. Ils ne voient rien au delà ; je ne dis pas que ce soit déraisonnable, je le constate. Les Impérialistes sont plus difficiles ! Ils ne méprisent pas la grâce divine ; ils la respectent même beaucoup et l'invoquent aussi ; mais, comme il s'agit d'affaires humaines, ils ont basé la légitimité de leur gouvernement et de leur dynastie sur le principe aussi humain que pratique de la Souveraineté nationale. Ils se sont faits les serviteurs respectueux du vouloir et du consentement du plus grand nombre dûment constatés. La différence est grande, vous le voyez.

Cette doctrine, ou plutôt cette loi, est la conséquence logique et naturelle de la grande Révolution de 1789. Elle en est tout à la fois l'essence, la force et la consécration, comme aussi l'honneur.

Au sortir de la tourmente révolutionnaire, dont je suis le premier à regretter les ravages et à flétrir les excès, après que tout l'état politique et social d'autrefois eût été renversé, après des violences sans nom que suivirent des transformations profondes et définitives, la Nation Française lasse d'anarchie et de déclamations, saturée d'idéologie et de mensonges, affamée de sécurité et d'ordre, mais très-décidée à maintenir en lui-même l'acte de la Révolution, construisit de sa propre main et de sa propre volonté, pour la satisfaction de besoins spéciaux et pour la garantie d'intérêts nouveaux, une monarchie nouvelle, aussi forte qu'originale, ne ressemblant en rien ni pour rien à celle qui avait disparu avec la Maison de Bourbon. Elle tint à ce que cette forme du pouvoir souverain fut appropriée à un état social tout démocratique, que par conséquent elle n'eut rien de commun avec les formes gouvernementales du passé. Elle voulut que la nouvelle autorité fut la conséquence et la consécration de la Révolution elle-même, Révolution profonde, réelle, qui était et qui est encore plus que jamais un fait politique, social, philosophique d'une inébranlable solidité. Elle fit et constitua à

ces fins la Monarchie Impériale, et remplaça
par la légitimité de laSouveraineté nationale,
la légitimité du Droit divin et de la Sainte
Ampoule mérovingienne. La religion , qui,
dans la personne de Saint-Rémy, un simple
évêque, avait béni la vieille Légitimité à sa
naissance, bénit et sacra, à son aurore, de la
main d'un Pape la nouvelle et nationale
Légitimité.

Voilà, Monsieur le Député, nos parche-
mins et notre passe-port. Permettez-moi de
croire et de dire, et cela sans outrecuidance,
qu'ils valent bien les vôtres. Comment vou-
driez-vous dès lors que les Bonapartistes, ou
pour parler plus correctement les Impérialistes, sacrifiassent, ainsi que vous les y con-
viez, à une doctrine archaïque qu'ils trouvent
caduque, à un dogme vénérable qu'ils croient
mort et enterré, le dogme nouveau de la Souveraineté du Peuple, vivant et agissant? Ils
ne le peuvent et ne le pourraient vraiment
pas.

Vous m'objecterez que les Orléanistes se
montrent plus accommodants et moins puri-
tains. Je vous l'accorde. Mais laissez-moi
croire que si les hommes de 1830 et leurs
descendants font en ce moment-ci, d'un cœur
léger, l'abandon de leurs principes et de leur
drapeau, s'ils oublient leur histoire, ils ne le

font probablement que dans des vues intéressées et utilitaires. Leur soumission, que
j'appelle, moi, leur apostasie, me paraît être
le résultat d'un calcul. Je m'imagine qu'ils
la commettent en vue d'un profit prochain.
Si le petit-fils de Charles X, si le fils de
Marie-Caroline, duchesse de Berry, avait,
ainsi qu'on disait autrefois, des *hoirs procréés
de sa chair*, ou s'il s'était avisé d'en chercher,
comme c'était peut-être son droit, dans la
descendance de Louis XIV qui existe toujours et que le traité d'Utrecht n'oblige plus,
MM. d'Orléans, qui sont restés jusqu'au
5 août, les *serviteurs exclusifs et passionnés de
la Révolution*, n'auraient sans doute pas franchi, avec armes et bagages, le fossé sanglant
qui séparera à tout jamais, dans l'histoire et
devant la morale, les Bourbons aînés des
Bourbons cadets.

Les princes d'Orléans légitimistes, les
princes d'Orléans partisans du drapeau blanc
et des fleurs de lys! Allons donc! Le drapeau
blanc!... ils l'ont embarqué à Cherbourg
avec les bagages de la Maison de Bourbon
détrônée et avec les enseignes de la Garde
Royale. Les fleurs de lys!... ils les ont effacées, après le sac de l'Archevêché de Paris,
de leur écu, du sceau de l'Etat et des monuments publics, sur lesquels Napoléon III les

a rétablies, pour y faire briller et chanter le coq Gaulois. La légitimité du droit divin, qu'ils proclament aujourd'hui, ils l'ont condamnée et flétrie dans la personne des pélerins de Belgrave-Square, en 1844, par la voix implacable d'un ministre de Louis-Philippe I. Les maximes de la légitimité, devant lesquelles ils s'agenouillent, ce ministre, aujourd'hui encore leur conseiller et leur ami, les a qualifiées *d'absurdes*, *de honteuses*, *de dégradantes pour l'humanité*. Je n'invente rien, c'est de l'histoire.

Libre aux Princes d'Orléans, et à leurs amis et partisans, de changer aussi complètement d'avis, de drapeau et de cocarde. Les Impérialistes ne peuvent point agir de la sorte ; ils ne le feront pas. Pour eux, la légitimité monarchique du droit divin, dont ils ne méconnaissent pas les bienfaits et le lustre dans le passé, n'est plus qu'un astre éteint. Ils estiment que cette légitimité n'est plus digne d'un peuple libre et fier ; elle est à leurs yeux, la négation des droits nouveaux ; elle est pour eux, capétienne et féodale. Notre société, où l'égalité règne et domine, où il n'existe plus de classes prévilégiées, où la démocratie civile, écrite dans des codes inviolables, envahit et domine tout, ne s'accommoderait pas des lisières et des privilèges du droit divin, tel qu'il existait dans la société des Trois Ordres.

C'est se leurrer d'une vaine illusion, Monsieur le Député, que d'espérer voir la société française, se soumettre de bonne grâce quelles que soient les miséres et les lassitudes présentes, « à un droit qui se « prétend supérieur à tous les autres droits, « à un droit qui prétend demeurer entier, « imprescriptible, inviolable, quand tous les « autres droits sont violés ; à un peuvoir qui « n'accepte aucune limite, aucun contrôle « complet et définitif ; à un pouvoir qui ne « peut pas se perdre lui-même, quelque in-« sensé, quelque incapable qu'il soit, de qui « les peuples, quoiqu'il fasse, doivent tout « supporter. »

Ce que pensait et professait en 1844, M. Guizot, le sage de Val-Richer, car c'est de cette bouche éloquente, qui pour beaucoup est sybilline, que tombaient sur les Royalistes, sur les *Carlistes* d'alors, qui sont les *Henri-quinquistes* etles royalistes d'aujourd'hui, ces condamnations et ces malédictions impitoyables. Les Impérialistes, tout en y mettant moins d'acrimonie, le pensent, le professent aujourd'hui comme toujours. Donc, ne comptez pas sur leur concours pour rétablir, par des moyens parlementaires, par des votes de

députés, par des maquignonages de cons-
ciences, par des intrigues et des compromis,
en dehors du suffrage universel, directement
et librement interrogé, le gouvernement monarchique. Les Impérialistes ont lutté contre
la prétention qu'avaient les Républicains et
M. Thiers, d'imposer de cette façon la forme
républicaine. Ils se sont même unis aux
Royalistes dans cette mémorable campagne.
Ils se montreront tout aussi résolus pour con-
trarier et combattre MM. les Royalistes, cher-
chant à faire voter le rétablissement de la
Royauté, par une Assemblée sans mandat
ad hoc, coûte que coûte, et s'il le faut à une
voix de majorité.

Vous dîtes que : « les Bonapartistes qui ne
sont pas attachés à l'Empire par des liens
personnels (je ne comprends pas) « ne voyant
devant eux qu'une *femme* et qu'un *enfant*,
quel que soit l'intérêt qui s'attache à l'infor-
tune noblement supportée, se rallieront
au grand parti monarchique et conservateur. »

Je viens de vous expliquer comment et
pourquoi nous ne pourrions pas courir avec
vous l'aventure, et c'en est une très-grande,
de la restauration monarchique. Permettez-
moi de vous faire remarquer maintenant que
le parti Impérialiste mérite plus de considé-

ration que vous ne lui en accordez. Vous en faites un modeste rouage du parti conservateur, ce qu'on appelle au théâtre, une *utilité* ou un *suivant*. Vous vous trompez du tout au tout, Monsieur le Député ; il en est l'organe principal et essentiel, le grand ressort. Ne le jugez pas par sa minorité dans l'Assemblée, où pourtant il a décidé, en votre faveur, la victoire chancelante du 24 mai ; jugez-le d'après ce qu'il est dans le Pays et surtout d'après ce qu'il est appelé à être au fur et à mesure que leRoyalisme et le Radicalisme se révéleront sous leur véritable jour.

Vous assignez au parti Impérialiste dans la compétition et dans la solution gouvernementale, un rôle qui n'est point en rapport avec son importance et son crédit. Vous prenez les Bonapartistes pour de bons petits garçons qu'on fait asseoir au bout de la table avec une serviette autour du cou ; je m'étonne que vous les traitiez ainsi par dessous la jambe, et qu'ancien serviteur du régime impérial, comme vous l'êtes, vous vous mépreniez à ce point sur la vitalité, dans les esprits et dans les cœurs, d'un gouvernement qui a fait jouir pendant tant d'années notre pays d'une prospérité sans égale ainsi que d'un ordre admirable, et y a fait couler partout et pour tous le Pactole. Il me paraît extraordinaire que vous puissiez vous imaginer que le Peuple Français ait oublié que ce gouvernement fut son gouvernement à lui, et qu'il l'a consacré par trois plébiscites solennels. Sans doute, par le fait d'une usurpation, que l'histoire jugera sévèrement, vous l'avez, à Bordeaux, alors qu'il était malheureux, et que son chef, *l'Élu du Peuple*, était prisonnier en Allemagne, vous l'avez frappé de déchéance. Depuis lors, dans votre parti, de complicité avec les Révolutionnaires, vous n'avez rien épargné pour le discréditer. On ne lui a ménagé ni les outrages, ni les calomnies. A quoi toutes ces violences, à quoi toutes ces turpitudes ont-elles servi et abouti ? Elles ont déshonoré ceux qui les ont commises, et l'Impérialisme est debout devant eux, plus vivant que jamais, défendant envers et contre tous, les droits et les prérogatives de la Nation, opposant à de folles visées, à des prétentions surannées et baroques, la légitimité et la nécessité des principes de 1789.

Ces principes sont aussi les vôtres, Monsieur le député, du moins à certains égards, puisque vous en faites la base de la Monarchie, qui est dans vos désirs et dans vos projets. C'est très-bien ; mais, ainsi que je vous l'ai déjà dit, vos collègues et amis de la droite ne pensent pas comme vous à cet égard ; mais le Royalisme les repousse absolûment, et n'entend pas qu'on le fasse entrer dans les assises de la royauté qu'il se prépare à relever. Il existe, de cette répugnance et de ce dessein, des aveux et des témoignages indéniables et à tout-à-fait curieux. Je vais me donner le plaisir, pour votre édification, de vous en citer quelques-uns triés sur le volet.

Le régime parlementaire dont vous voulez, puisque vous êtes partisan d'une monarchie constitutionnelle, savez-vous comment on le traite dans les journaux de la légitimité ? On l'appelle une *charmante anarchie*. On ne veut pas en entendre parler, et si soi-même on en parle, c'est avec colère et mépris. Parlementaire, pour eux, équivaut à tison d'enfer. Cette monarchie constitutionnelle et libérale que vous désirez, savez-vous comment on veut qu'elle débute ? Vu l'état troublé de la société française, et le foisonnement des idées corrompues et corruptrices, on établit que le règne de votre Roi sera *d'abord une dictature*. Une dictature blanche, exercée au nom d'une infime minorité, pour le triomphe de préjugés anti-démocratiques et de vieilles idées, cela promet. Elle sera forcément une terreur blanche.

Les pricipes de 1789, base et raison d'être de notre état social, vous sont chers dans une certaine mesure. Eh bien ! on les compare à une peste qu'on dénomme le *quatre-vingt-neuvisme*; c'est très spirituel et surtout très rassurant. Vous admirez certainement la Charte de 1814, vous y voyez, je n'en doute pas, un monument de profonde sagesse politique. Eh bien ! vous vous trompez ; elle était infestée et infectée d'un *venin libéral et gallican* (Gallican, horreur !) qui a tout perdu. Elle est morte, et la Restauration avec elle, cette charte maudite, parce qu'elle était trop imprégnée de l'esprit du siècle, c'est-à-dire de ces fameux et tristes principes qui en sont la *marotte*. On les appelle *immortels*, *c'est mortels qu'il faudrait dire* ; car ils *sont erronés, chimériques et délétéres*. Je vous assure que c'est écrit, j'ai mes auteurs sous la main.

Dans la reconstitution de la Monarchie légitime, on ne se laissera plus dominer par d'aussi fatales erreurs. On ne fera pas aux idées et aux principes révolutionnaires, des concessions qui la perdraient. Le Roi avisera et *octroiera* à bon escient, selon son droit et selon ses inspirations de chrétien catholique et d'honnête homme, ce qu'il jugera nécessaire au bien de *ses peuples*. Il décrètera l'ordre, la justice, l'honnêteté qu'on ne peut

espérer en dehors de la monarchie traditionnelle. Rien ne le gênera dans cette tâche.
En effet, n'est-il pas le *droit* et aussi l'*ordre*?
De plus; il est la *réforme* et le *fondé de pou-
voirs de la Providence*, pour remettre en
place ce qui n'y est pas. Or, *rien n'est en
place depuis la révolution*. Depuis lors, la
France est éloignée de *son Dieu et de son Roi*.
On l'en rapprochera en revenant à la Monarchie du droit divin, c'est-à-dire au gouvernement vraiment national, au *seul qui ait
le droit pour base, l'honnêteté pour moyen, la
grandeur morale pour but*. La Monarchie res-
suscitée, dont la soumission des princes d'Orléans est l'annonciation, ne ressemblera point
aux *monarchies frelatées* issues de la Révolution. Elle aura les libres et nationales allures
de la monarchie ancienne, qui revivra en
elle, moyennant certains accommodements.
Cette ancienne monarchie, avec ses Etats
généraux et ses Trois ordres, si nette-
ment et si justement équilibrés, est un
type excellent auquel il faut revenir, et la
chose est possible, sauf des changements de
forme, nécessités par le changement des
temps. Revenir à ce type, ce n'est pas rétro-
grader, comme l'insinuent de perfides adver-
saires, *c'est reprendre, en lui restituant son
caractère, le mouvement national de la fin du*

siècle dernier. Ce sera une œuvre facile quand la France, revenue de ses erreurs et de ses caprices, aura à sa tête un Souverain dont l'autorité et la mission seront issues de *Celui de qui procède tout droit et toute souveraineté*, un Roi ayant des droits qu'il ne tiendra pas d'elle, *qu'elle n'aura pas par conséquent le droit de discuter, encore moins de nier et de renverser*. De cette façon, tout se rétablira à vue d'œil et comme par enchantement, parce qu'il y aura un *Maître dans la maison*, et que ce maître saura et pourra commander. Il commandera tout naturellement, car il sera le représentant et l'esprit d'une monarchie *évidemment légitime, dont le droit est indiscutable et supérieur aux caprices et aux oscillations du peuple*. Ce droit étant reconnu, le *Roi s'impose* ; il s'imposera, au besoin il *musèlera* les récalcitrants.

Que dites-vous de ce tableau, de cette anthologie royaliste, dont je ne fais qu'un simple bouquet, mais dont il me serait facile de faire une gerbe ? Je me laisse aller à supposer que vous trouvez ces propositions et intentions quelque peu raides et risquées. Nous sommes bien loin, Monsieur le Député, vous le voyez, de la monarchie constitutionnelle, parlementaire, nationale, telle que la rêvaient nos pères en 1789, et telle que vous

la rêvez aussi, ce me semble. J'en conclus
que vous êtes, sans vous en douter, un mau-
vais royaliste, et par suite, un faux conservateur. Vous êtes un libéral et par conséquent un *métis*, c'est-à-dire ni chair ni pois-
son. Or, il est peu d'engeance plus nuisible
et plus inopportune. En douteriez-vous? Ecou-
tez ce qu'en dit une voix tout-à-fait autorisée :

« Il faut choisir : ou bien être *homme*
« *d'ordre* (grand mot dont on a bien abusé
« depuis cent ans !) être homme d'ordre avec
« le roi légitime, ou bien être franchement
« révolutionnaire. Les *métis*, qu'on appelle
« les « libéraux » sont des révolutionnaires
« qui s'ignorent, qui croient qu'on peut faire
« de l'ordre avec le désordre, de l'autorité
« avec les principes qui sapent l'autorité par
« sa base. Il faut qu'ils choisissent : ou le
« Roi ou la Révolution ; ou le droit ou le
« caprice ; ou le blanc ou le rouge. *Il n'y a*
« *pas de place pour le tricolore*, lequel est
« doublé de rouge, nous ne le voyons que
« trop depuis 1789. »

Voilà, m'allez-vous dire, Monsieur le Député, de bien étonnantes paroles. Elles ne
peuvent sortir que d'un esprit téméraire, car
elles sont au dernier point compromettantes
et de nature à attirer sur la cause monarchique, le dédain des honnêtes gens, le mé-

pris des hommes sensés et les colères de la multitude. Avec elles, toute fusion des deux branches de la Maison de Bourbon, est impraticable, En effet, il n'est pas admissible que le *drapeau chéri* qu'un d'Orléans, et le plus huppé de la famille, M. le général de division, duc d'Aumale, héritier des millions de la maison de Condé, a arboré à la tribune de l'Assemblée nationale, se laisse ainsi congédier et dégrader. Ce sont là des paroles d'*ultra*, de sottes et méprisables folies, dignes de la plume d'un Loriquet. Soyez sérieux, je vous en prie, le sujet que nous discutons le comporte et l'exige.

Mais je suis très sérieux et n'ai point envie de rire, Monsieur le Député ! Ces paroles que je viens de vous citer, vous ne savez donc pas qu'elles sont consacrées et patentées ? Si vous l'ignorez, ce qui m'étonnerait un peu ; je vous apprendrai qu'elles ont reçu l'approbation du *Roi*, de votre Roi. Elles sont privilégiées. Je les extrais d'une brochure de 71 pages qui a été imprimée à Poitiers, en Aquitaine, chez M. Henri Oudin, libraire-éditeur, rue de l'Éperon, n° 4, en 1871. Mon exemplaire appartenait à la 6e édition; le prix en est de 25 centimes. Une fleur de lys fleuronnée, brille dans le titre qui porte fièrement le cri de *Vive le roi !* Son auteur est Monseigneur de

Ségur. Deux documents y servent d'intro-
duction : 1° Un bref de Notre-Très-Saint-
Père le Pape, Pie IX, très digne, très mo-
déré, éminemment réservé; 2° une lettre datée
du 12 juillet 1871, et signée *Henri*. Elle est
du comte de Chambord. Autant le bref du
Pape est réfléchi, autant cette lettre est irré-
fléchie et naïve.

M. le Comte de Chambord est au comble
du bonheur d'avoir reçu et lu, à Bruges, le
Vive le Roi de Mgr de Ségur. Il l'en remercie
avec effusion. « Ce petit livre, dit-il, auquel
« votre modestie donne le nom d'opuscule,
« est le traité le plus complet et le plus lumi-
« neux qu'on puisse lire sur ce grand sujet
« de la souveraineté royale.... Je voudrais,
« dans l'intérêt de la vérité et de notre chère
« et malheureuse France, que ce livre fut
« dans toutes les mains, et j'engage mes
« amis à le faire pénétrer partout, dans l'ate-
« lier, dans les salons, dans la chaumière.
« On ne se livrera jamais à une propagande
« plus utile et plus féconde. »
Je ne saïs, Monsieur le Député, ce que
vous en pensez. Pour moi qui ai un profond
respect pour les grands noms et pour les
grandes infortunes, je ne puis m'empêcher,
bien qu'il m'en coûte, de déclarer que M. le
Comte de Chambord, approbateur des doc-

trines de Mgr de Ségur, me fait l'effet d'un Epiménide. Il parle des choses de ce monde en homme qui vient à peine de se réveiller et qui ne sait s'il dort ou s'il rêve encore. Il prend des illusions pour des réalités, et des folies pour des raisons. C'est un homme chimérique, et vraiment on n'a pas été trop irrévérencieux en le comparant à *l'homme à l'oreille cassée*. Il a, je vous l'accorde sans peine, toutes les qualités imaginables du cœur, de l'esprit, de l'imagination, et mérite qu'on le respecte à tous égards; c'est ce que je fais. Mais il sera, s'il le devient, un dangereux souverain. Si l'on suit, ainsi que vous paraissez décidé à le faire, son panache blanc dans la bataille politique, on s'exposera à choir comme Charles-le-Téméraire, à la bataille de Nancy, dans des fondrières où l'on périra corps et biens.

S'il plaît aux Monarchistes-fusionnistes de s'embarquer dans une aussi périlleuse entreprise, nous ne pourrons pas les retenir sur le rivage; cependant nous chercherons à leur faire entendre raison, et nous ne cesserons de proclamer l'illégitimité de leurs desseins. Nous leur en prédisons même l'insuccès. Quoiqu'ils fassent ou disent, rien, absolument rien ne nous fera changer d'attitude. Nous resterons là où nous sommes, sous la tente de l'*appel au peuple*, attendant que la Nation, que les Royalistes s'apprêtent à traiter en petite fille, bien qu'elle soit leur maîtresse, comme la nôtre, parle et déclare comment et par qui elle veut être gouvernée.

Au plébiscite de 12 siècles, dont il vous serait peut-être difficile de montrer le procès-verbal , et sur lequel vous basez votre légitimité, nous pourrions opposer les plébiscites explicites et authentiques qui ont élevé sur le pavois, au vu et au su de tout le monde, aux acclamations universelles, nos Empereurs Napoléon Ier et Napoléon III. Aux *quelques* Evêques et aux *quelques* Seigneurs qui ont intronisé la troisième dynastie, au détriment des Carlovingiens encore existants, dans la personne de Hugues Capet, nous pourrions opposer les millions de citoyens libres qui ont sacré et consacré la dynastie Napoléonienne, alors que le trône était vide et que la couronne de saint Louis maculée, déshonorée par deux Républiques était tombée dans le sang et dans le ruisseau. Si vous nous présentez Henri V, héritier et successeur, par la grâce de Dieu, de saint Louis, de Henri IV, de Louis XIV, nous pourrions vous opposer Napoléon IV, héritier de deux Empereurs populaires et plébiscitaires.

Rassurez-vous, nous ne le ferons point, et

cependant nous en aurions le droit tout aussi
bien et plus que vous; car notre légitimité
est pure de toute usurpation. Le vieux droit
était éteint, et le trône renversé et anéanti
depuis plusieurs années, lorsqu'elle fut éta-
blie de la façon la plus scrupuleuse et la plus
authentique dans la personne du Premier
Consul Bonaparte et de l'Empereur Napoléon Ier. Il l'a proclamé lui-même en ces
termes, du haut du rocher de Sainte-
Hélène :

« Aucun prince ne monta sur le trône
« avec des droits plus légitimes. Le trône fut
« déféré à Huges Capet par quelques évêques
« et quelques nobles; le trône Impérial fut
« donné à Napoléon par la volonté de tous
« les citoyens, constatée trois fois d'une
« manière solennelle. Le Pape Pie VII, chef
« de la religion catholique, apostolique et
« romaine, passa les Alpes pour oindre
« l'Empereur de ses propres mains, et, envi-
« ronné de tous les évêques de la France, de
« tous les cardinaux de l'Eglise romaine, des
« députés de tous les cantons de l'Empire, il
« le sacra. Les Rois s'empressèrent de le
« reconnaître... »

Notre Prince, notre chef n'élèvera pas des
revendications qui seraient justes, mais que
la Nation trouverait peut-être irrévéren-

cieuses. Il veut et ne voudra régner, comme son père et son grand-oncle que par la *libre et seule volonté du Peuple français*, conformément *au dogme de la souveraineté nationale qu'il a trouvé dans l'héritage paternel, avec le drapeau qui la consacre.*

Ce drapeau tricolore, dont des cyprès récents n'ont fait que voiler les immortels lauriers, ne sera point, comme vous le dites, dans les mains d'un *enfant*. Il est, il sera tenu par un noble et robuste jeune homme qui, le 16 mars prochain, aura accompli sa 18ᵉ année. Alors, il aura la plénitude de sa majorité impériale. Il a la conscience du grand nom qu'il porte et il s'étudie chaque jour à le porter dignement. Il est élevé, il grandit dans les sentiments et les pratiques d'une piété mâle et simple, sous l'œil attendri mais ferme d'une *femme*, d'une mère qui mérita d'être appelée par un prince de l'Eglise, alors qu'elle était au faîte des prospérités, *l'ange de la charité chrétienne.* Il apprend la vie militaire et civile sous le ciel de la libre Angleterre, le visage et le cœur tournés vers la France où il sait que des amis fidèles confondent sa cause avec celle de la Nation. Il sait que son nom et son image y sont déjà légendaires et que dans les villages, dans les hameaux, dans les fermes, dans les chaumières, on parle sans cesse et avec amour du *Petit Empereur*. Il vit entre la Foi et l'Espérance, au-dessus des intrigues, dédaigneux des fusions intéressées, parce qu'il sait qu'elles seront vaines, insoucieux de projets attentatoires à la dignité comme à la liberté du Peuple français. Il attend son heure.

Vos amis, je parle des ardents et des intempérants, sont tout prêts à accueillir du cri de *Vive le Roi*, le rétablissement par l'Assemblé nationale, bien qu'elle n'ait pas mission de le faire, de la Monarchie traditionnelle, à une majorité quelconque, ne fût-elle que d'une voix. Les Impérialistes sont plus délicats et plus scrupuleux. Ils ne crieront *Vive l'Empereur* qu'avec la permission de la Nation, après qu'elle aura déclaré indubitablement et librement dans ses comices et dans un scrutin universel, qu'elle rétablit dans la personne du Prince Impérial, fils de Napoléon III, et dans sa descendance, la Monarchie démocratique de 1804 et de 1852.

Vous voyez, Monsieur le Député, qu'il y a entre les Royalistes et les Impérialistes une incompatibilité d'humeur et de manière de voir, comme de faire, qui les tiendra toujours au pôle opposé de la politique.

Cela dit, j'exprime le vœu avec vous et je le fais dans l'intérêt de la paix publique

que les honnêtes gens, les bons citoyens, les vrais patriotes, se maintiennent en rangs serrés sur le terrain conservateur, et laissent à Dieu, au temps et j'ajoute à la Nation, dont vous oubliez de parler, le soin de faire le nécessaire.

On dit parmi vous que la parole est au *Roi*. Chez nous on dit qu'elle est et qu'elle ne saurait être qu'à la France. A elle seule de la prendre et de dire ce qu'elle veut. Pour nous, nul droit ne prime le sien, nulle volonté ne peut primer la sienne. Tandis que vous en faites la servante d'un homme et d'une assemblée, nous lui disons qu'elle est sa propre, sa seule Souveraine. Les Royalistes et les Républicains l'outragent ; nous seuls la respectons; c'est notre force, elle sera invincible.

Laissez-moi, en terminant, répéter ce que je disais et écrivais en face des projets impatients de M. Thiers et des républicains s complices :

« Il n'appartient pas plus à une assemblée
« qu'à une émeute de se substituer à la Sou-
« veraineté nationale, au Droit national.
« Tout ce qui se fait en ce sens, par surprise,
« par intrigue, dans les ténèbres, en *dehors*
« *du suffrage universel, directement librem en*

« *et spécialement exprimé*, est impie, déma-
« gogique, et indigne des respects publics. »

Je désire, Monsieur le Député, que vous ne voyiez dans cette lettre que la preuve du cas que j'ai fait de la vôtre et le témoignage d'une considération véritable. J'ai l'honneur, dans cette espérance et ce sentiment, de vous prier d'accepter mes salutations aussi humbles que distinguées.

Ad. CAILLÉ,

Officier de l'ordre Impérial de la Légion-
d'honneur, auteur de la brochure
l'*Empereur et ses Détracteurs*

Saint-Maixent. Imp. de LA SÈVRE.